CHINE, JAPON
TONKIN

PARIS. MAI 1911

CHINE, JAPON
TONKIN

CONDITIONS DE LA VENTE

Elle sera faite expressément au comptant.

Les acquéreurs paieront 10 p. 100 en sus des enchères.

L'exposition, mettant les amateurs à même de se rendre compte de l'état des objets, il ne sera admis aucune réclamation, une fois l'adjudication prononcée.

BRONZES, CUIVRES, CLOISONNÉS
CÉRAMIQUE, BOIS SCULPTÉS, BOIS INCRUSTÉS
PANNEAUX ET ÉCRANS
PIPES, PEINTURES, ARMES DIVERSES
MEUBLES

De la Chine et du Japon

AMEUBLEMENT HINDOU

PROVENANT

Du Palais de l'Ex-Sultan Abdul Hamid

COLLECTION D'ARBRES NAINS DU JAPON

Dont la vente aura lieu les jeudi 18 et vendredi 19 mai
à 2 heures.

A L'HOTEL DROUOT, Salle n° 11

COMMISSAIRE-PRISEUR	EXPERT
Mᵉ EDMOND PETIT	**Mᵉ ANDRÉ PORTIER**
25, RUE COQUILLIÈRE	24, RUE CHAUCHAT

Chez lesquels se distribue le présent catalogue.

EXPOSITION PUBLIQUE :

A l'Hôtel Drouot, le 17 mai de 2 heures à 6 heures.

BRONZE, CUIVRE ET MÉTAUX DIVERS

1. Divinité en bronze. Traces de dorure (Yunnan).

   Haut. $0^{m},17$.

2. Un brûle-parfums octogonal, trépied, le couvercle ajouré surmonté d'une chimère. Socle libre. Cachet au dos.

   Haut. $0^{m},22$.

3. Une cloche bouddhique, sans battant, décorée en relief de caractères anciens. Époque Ming.

   Haut. $0^{m},1$[illegible].

4. Un grand lampadaire de pagode, la partie supérieure formant vasque hexagonale, reposant sur un plateau. Fin époque Ming.

   Haut. $0^{m},6$[illegible].

5. Une paire d'étriers ajourés, à col de chimères, ayant appartenu au Tong-doc de Haïphong. XVIIe s.

6. Un grand brûle-parfums décoré de deux médaillons de chimères dans les nuages. La vasque, surmontée de deux anses en forme de chimère, est portée par quatre pieds ajourés reposant sur un socle mobile. Cachet : fin XVIIIe s.

   Diam. $0^{m},35$.

7. Un petit chauffe-mains en cuivre rouge niellé de métaux divers. Travail de Nam-Dinh. Fin XVIIIe s.

8. Un vase à baguettes d'encens décoré d'une touffe de pivoines, finement niellées en or et cuivre rouge. Époque Ming.

   Haut. $0^{m},22$.

9. Un athlète enrubanné soulève à bout de bras une lourde vasque formant gong.

   Haut. $0^{m},60$.

10. Une théière en fonte, portant sur la panse une collerette dentelée

formant vague. Au-dessus, en relief, courent de petits crabes. Époque Ming.

11. Un bouddha, en bronze, provenant des ruines d'Ankor. Il est assis sur un lotus, la main gauche repliée, appuyée sur la plante des pieds retournés.

Haut. 0m,20.

12. Deux vases quadrilatéraux s'évasant, destinés à porter les baguettes d'encens (Yunnam).

Haut. 0m,30.

13. Un brûle-parfums, niellé de cuivre jaune, représentant un pêcheur élevant un lourd poisson. Fin XVIIe s.

Haut. 0m,25.

14. Un miroir shintoïste, en bronze argentifère, ajouré et décoré de grues et de tortues sous un pin.

15. Petite divinité en bronze, la figure fine très allongée.

Haut. 0m,10.

16. Un étrier en bronze, décoré d'un mône ajouré.

17. Un autre étrier en fer finement gravé.

18-19-20. Trois petits bouddhas en bronze du Yunnam.

21. Un grand miroir, formant gong, finement gravé de fleurettes et décoré de 4 caractères anciens encadrés.

Diam. 0m,25.

22-23. Deux autres miroirs formant également gong.

Diam. 0m,16.

24. Un vase en bronze, gravé et niellé de fleurs et d'oiseaux en cuivre de diverses couleurs.

25. Quatre sapèques, décorées de caractères anciens, pendues généralement dans la pièce de réception, pour indiquer la fortune (qui est proportionnelle à la grosseur de la sapèque).

26. Une clochette en bronze d'argent, le manche doré et ciselé provenant du tombeau des Ming. Datée intérieurement fin XVIIe s.

27. Un bouddha en bronze niellé d'argent, chevauchant un gigantesque poisson.

Haut. 0m,25.

28. Petit fer à repasser, la panse décorée d'une large zone de grecques, la poignée portant une figure chimérique.

29. Petit brûle-parfums monté sur trois pieds élevés et recourbés, surmontés de mascarons.

Haut. 0m,21.

30. Chauffe-mains en bronze, octogonal, surmonté de deux petites anses mobiles, le couvercle ajouré.

31. Presse-papiers en forme de coq, en cuivre fondu et émaillé.

32. Petite divinité assise, en bronze doré, très fouillé, provenant des ruines d'Ankor.

Haut. 0m,20.

33. Grand bouddha assis, en bronze, provenant de Vien-tan. Pagode de Wa-aï (Haut Laos).

Haut. 0m,55.

34. Grand brûle-parfums en bronze, la panse arrondie décorée en haut relief d'un médaillon de fleurs et d'oiseaux. Anses mobiles en forme de serpents, le couvercle ajouré est surmonté d'un aigle menaçant un serpent.

Haut. 0m,62.

35. Deux petits vases décorés de personnages sur les rochers au bord de la mer.

Haut. 0m,12.

36. Un bouddha cambodgien en bronze doré.

Haut. 0m,28.

37. Un bouddha debout, en bronze doré finement fouillé, les bras recourbés, la paume des mains en avant, dans un geste de pacification. La tête est surmontée d'un dais à triple plateau. Cambodge.

Haut. 0m,53.

38. Jardinière en bronze doré, portée par trois petits pieds, reposant sur un socle en même métal, en forme de feuille de nénuphar. Cachet au dos.

Diam. 0m,27.

39. Petite boite à thé en cuivre.

40. Un brûle-parfums et deux chandeliers d'autel, en cuivre ciselé et ajouré. Une face du brûle-parfums est gravée de caractères anciens.

Haut. 0m,40

41. Petite théière à côtes, en cuivre et bronze doré, l'anse et le déversoir imitant des branches de bambou.

42. Un plat, le marli dentelé, en cuivre rouge niellé de cuivre blanc. Travail de Nam-Dinh.

Diam. 0m,30.

43. Un autre plat, du même travail, décoré d'une ronde d'animaux chimériques entourant le caractère du bonheur.

Diam. 0m,30.

44. Deux petites soucoupes en cuivre rouge, décorées à l'or de caractères.

45-46. Deux petits miroirs.

47. Deux chandeliers, en forme de chimères dressées sur leurs queues.

Haut. 0m,28.

48. Deux chandeliers en étain.

49. Une théière en cuivre décorée de deux médaillons d'émaux polychromes.

50. Un lot de sapèques, dont deux en jade. Époque Ming et Thang. Ce lot sera divisé.

CLOISONNÉS DIVERS

51. Deux petites coupes dentelées, en émail cloisonné sur cuivre. Modernes.

52. Deux soucoupes en émail cloisonné chinois, fond rose et fond jaune, à décor de rinceaux fleuris. Époque Ming.

53. Une soucoupe, intérieur émail blanc décoré de fleurettes bleues, extérieur en fleurs polychromes sur fond céladon. Époque Ming.

54. Service à fumeurs, composé de trois pièces sur un plateau. Moderne.

55. Deux vases cloisonnés sur cuivre, décorés sur fond céladon, sur la panse, de deux dragons jouant avec la perle sacrée, et sur le col de shi-shi appuyés sur la boule du monde. Deux petites anses tubulures.

Haut. $0^{m},60$.

56. Deux grands vases cloisonnés sur fond céladon, décorés sur le col de fleurettes et de palmes polychromes et sur la panse d'un combat de dragons au-dessus des flots. Époque Ming.

Haut. $0^{m},64$.

57. Deux plats cloisonnés modernes, fond bleu, sujets oiseaux.

Diam. $0^{m}.37$.

58. Deux autres plats cloisonnés, modernes, fond rose, sujets fleurs.

Diam. $0^{m}.31$.

59. Un vase cloisonné sur faïence, décoré de fleurettes sur fond bleu.

Haut. $0^{m},29$.

60. Un vase cloisonné sur faïence, portant deux médaillons sur fond blanc, décorés de fleurettes polychromes (Réparé). Époque Ming.

Haut. $0^{m},37$.

CÉRAMIQUE

61. Deux plats décorés de poissons manganèse sur un fond de vagues stylisées bleu. Pieds supports en bois. Époque Ming. Cachet : Suen-ti (1426-1436).

Diam. $0^{m},25$.

62. Un plat vieux bleu, cerclé argent.

Diam. $0^{m},20$.

63. Un grand plat décoré sur fond jaune, d'un dragon à cinq griffes, tenant la perle sacrée. Marli décoré d'une zone de fleurettes. Au dos, bouquets fleuris et cachet entouré de deux chimères. Cachet : Kien-lung (1736-1795).

Diam. $0^{m},35$.

64. Un plat carré, les angles coupés, en vieux bleu foncé décoré des sages dans la forêt de bambous.

Diam. $0^{m},30$.

65. Un plat fond sanguine, semé de fleurettes polychromes encadrant un médaillon blanc en réserve, décoré de personnages. Daté.

Diam. $0^{m},34$.

66. Un plat vieux bleu à réserve de médaillons.

Diam. $0^{m},28$.

67. Une assiette creuse, carrée, à coins arrondis, décor polychrome de fleurs et de personnages.

Diam. $0^{m},22$.

68. Assiette décorée symboliquement d'un oiseau sacré en fleurs et fruits.

Diam. $0^{m},22$.

69. Une assiette fond blanc, le marli jaune, entourant deux dragons affrontés, noirs. Cachet : Kien-lung.

Diam. $0^{m},23$.

70. Une assiette, fond jaune, décorée d'un dragon dans les fleurs.

71. Une assiette vieux bleu, décor de paysage montagneux et maritime.
Diam. 0m,28.

72. Une assiette, décor de femmes, couleurs et or.
Diam. 0m,25.

73. Une assiette bleu sale, décor de paysage maritime.
Diam. 0m,22.

74. Une assiette vieux bleu, même décor.
Diam. 0m,27.

75. Une assiette décorée sur fond vert de fleurs et papillons roses.
Diam. 0m,24.

76. Une assiette, famille verte, décorée dans un médaillon de deux sages, un sceptre à la main.
Diam. 0m,20.

77. Une assiette, marli couleur sanguine, décorée intérieurement d'un médaillon de papillons polychromes.
Diam. 0m,21.

78-79-80-81. Quatre assiettes, décor polychrome et or.

82. Une assiette, or et couleurs.

83. Une assiette bleue, décor éventails.

84-85. Trois soucoupes, vieux bleu.

86. Petite soucoupe blanche, décorée de branches à fleurs transparentes. Cachet : Kien-lung.

87. Soucoupe creuse décorée d'un personnage à cheval, passant un pont. Cachet : Wan-li (1573-1620).

88-89-90. Trois soucoupes vieux bleu, dont une cerclée argent.

91-92. Deux soucoupes décorées d'un caractère ancien.

93. Une soucoupe octogonale, vieux bleu, décor de personnages.

94. Une soucoupe vieux bleu, cercle argent.

95. Un cendrier d'autel en porcelaine blanche. Cachet au dos.

96. Une soucoupe à décor fleuri polychrome.

97. Une soucoupe, l'intérieur blanc, le dessous décoré de dragons dans les nuages (Hué).

98. Une jolie soucoupe décorée, en camaïeu bleu, d'un massif fleuri. Cachet au dos : Ching-hua (1465-1488).

99-100-101. Trois petits cendriers décor bleu.

102. Une assiette et quatre petites tasses cerclées argent, décor vieux bleu.

103. Quatre tasses vieux bleu, cerclées argent, porcelaine à fine craquelure.

104. Une assiette et trois tasses cerclées argent.

105. Deux tasses vieux bleu cerclées argent.

106. Une assiette vieux bleu, cerclée argent, décorée de fleurs et d'oiseaux. Marque au dos : Ching-hua (1465-1488).

107. Quatre petites tasses basses cerclées cuivre, bleu et blanc.

108. Deux coupes minuscules, décor blanc et bleu, entourant un caractère or, XVIIe s.

109. Une petite tasse sanguine, porcelaine transparente.

110. Quatre tasses, décor bleu, à réserves de médaillons fleuris. Époque Tao-kouang.

111. Un bol fond blanc, décoré d'un dragon à cinq griffes, corail. Au centre intérieur, médaillon de dragons. Cachet : Ching-hua.

112-113. Deux petites coupes lobées, à décor polychrome. Époque Tao-kouang.

114-115-116-117. Deux tasses et deux présentoirs, décors polychromes. Époque Yung-ching.

118. Une coupe quadrilobée, intérieur céladon, extérieur décor polychrome.

119. Un bassin creux, décoré intérieurement d'un dragon corail, et extérieurement de chauves-souris.

120. Une bouteille vieux bleu.

121. Deux petits vases, décor montagneux.

122. Un pot à alcool craquelé, XVIIe s.

123. Petit tube porte-pinceaux, décor vieux bleu sur craquelé.

124. Un cendrier d'autel en porcelaine blanche craquelée.

125. Petite jardinière corail, décor jaune.

126. Une gourde à alcool, porcelaine blanche, gravée sous glaçure.

Haut. 0^m^,33.

127. Bonbonnière émail noir, décorée de dragons impériaux, polychromes.

128. Gros poussah souriant, en porcelaine blanche, le rosaire à la main, socle en bois ajouré.

129. Petite corbeille ajourée, du Kang-si, décor corail et vert, XVIIe s.

130. Petit vase craquelé à décor de nombreux personnages polychromes. Zone d'animaux chimériques au col. Cachet : Ching-hua ?

Haut. 0m.25.

131. Trois vases, décor bleu et blanc, paysage et montagnes.

132. Deux vases craquelés, décorés au col et au pied de deux zones d'animaux chimériques noires, séparant des zones de bouquets fleuris, polychromes, sur fond ocre au col, blanc au centre et nil au pied.

Deux têtes de mascarons portent des anneaux fixes. Cachet : Ching-hua.

Haut. 0m.43.

133. Un vase porcelaine blanche, décor, style Young-ching, de papillons et de fleurs.

Haut. 0,m36.

134. Deux vases, style Young-ching, à décor polychrome de vases fleuris et d'attributs bouddhiques.

Haut. 0m.45.

135. Un grand vase, décor bleu de personnages sur fond céladon. Anses formées de deux petits lions affrontés.

Haut. 0m,60.

136. Grand vase fond blanc, à riche décor polychrome d'oiseaux dans les branches fleuries. Autour du col, salamandres et shi-shi céladon affrontés.

Haut. 0m.61.

137. Grand vase sang de bœuf, col coupé.

Haut. 0m.52.

138. Grande cruche à alcool en poterie à glaçure verte, utilisée pour les mariages. Décor en relief de branches de bambous. Couvercle surmonté d'une chimère polychrome, XVIIe s.

Haut. 0m.55.

139. Deux jardinières hexagonales décorées de personnages polychromes.

Haut. 0m.16.

140. Un oreiller en porcelaine camaïeu vieux bleu.

141. Deux petites tabatières bleu et blanc.

142. Deux tabatières décorées en émail blanc sur fond noir, à reflets métalliques de personnages.

143. Une autre tabatière décorée, sur le même fond, de dragons impériaux polychromes.

144. Une tabatière aplatie, porcelaine blanc et bleu.

145. Une tabatière décorée, sur fond blanc, d'un guerrier corail.

146. Une très belle tabatière aplatie, décorée, sur fond blanc finement gravé, d'un dragon impérial, couleur sanguine.

147. Petite potiche-tabatière, décor corail.

148. Tête-à-tête en Satsouma, composé de la théière, le pot à lait, le sucrier et deux tasses.

149. Un petit seau à biscuits en Satsouma.

150. Un vase Satsouma.

151. Une grosse boîte Satsouma, décor intérieur et extérieur.

Diam. $0^{m},25$.

152. Deux plats Satsouma.

153. Un pot à thé en émail polychrome sur fond craquelé.

154. Un joli cendrier quadrilobé, gravé de caractères anciens, en terre très fine, XVIIe s.

155. Trois théières en terre rouge de Mouçay.

156. Une théière en terre rouge décorée d'émail bleu.

157. Une petite théière en terre rouge recouverte d'émaux polychromes. Bec argent. Anses cuivre.

158. Un pot à alcool en faïence, fond gris clair, forme gargoulette, décoration gris foncé.

159. Un vase à baguettes d'encens, en terre extrêmement fine, imitant le bronze.

160. Un petit vase faïence à col allongé.

161. Ascète accroupi, le dos couvert d'une loque, en faïence grise craquelée.

162. Statuette, style Ming, d'un personnage barbu, richement vêtu d'une robe à glaçure bleue.

Haut. $0^{m},36$.

163. Bouddha enfant, en terre dorée, debout sur le lotus sacré. (Dynastie annamite des Nguyen, XVIIe s.)

164. Bouddha, en terre, personnifiant le dieu de la force, ayant seul pu vaincre le terrible tigre Hou-kop. Il est assis sur un rocher, le pied droit sur la tête du tigre.

BOIS SCULPTÉS DIVERS

165. Deux petits bouddhas de pagode en bois de jaquier doré, XVIIIe s.

166. Un bouddha enfant, en bois de mit, provenant de l'ancienne pagode de Haï-duong. Il est debout sur un rocher, les mains jointes, le poignet droit cerclé d'un bracelet.

Haut. 0m,50.

167. Bouddha de pagode, assis, en bois doré.

Haut. 0m,52.

168. Un bouddha de pagode, assis. D'après les rites de la religion annamite, il représente celui qui a pour mission d'inscrire le nom des pratiquants entrant dans le lieu sacré.

Haut. 0m,92.

169. Grande Amida debout, la main droite levée; en terre dorée et laquée.

170. Un grand support sculpté, en bois laqué rouge et doré.

171. Deux statuettes en racine de bambou, représentant une divinité, la pêche de longévité en main.

172. Sujet allégorique représentant deux enfants en formant quatre. (Explication chinoise de la multiplicité de la race.)

173. Un abaque, compteur chinois.

174. Une plaque d'idoles. (Pagode de Koung-Fou-tseu, appelé Confucius, indiquant la place du fils de Messius, disciple dans cette pagode.)

175. Un cachet bouddhique.

176. Un socle bois doré et laqué, sculpté à jour.

177. Un coffret en bois de rose finement sculpté, le couvercle portant deux dragons en haut-relief ajouré.

178. Un autre coffret, même travail que le précédent.

179. Un fronton en bois sculpté et ajouré, représentant deux dragons affrontés, séparés par la boule du monde.

180. Une grande pagode en bois laqué or et rouge, reproduisant la grande pagode de Chine, XVIIIe s.

181. Un petit cache-pot bois tourné.

BOIS INCRUSTÉS

182. Une boite à bétel, finement incrustée de nacres polychromes, les coins en vieil argent ciselé, XVIIIe s.

183. Une boite à bétel, incrustée en nacre de motifs de fleurs et d'oiseaux. Charnières et fermoir cuivre. Compartiment intérieur.

184. Une boite à bétel, le couvercle recouvrant toute la boite, finement incrusté de nacre, représentant un personnage à cheval passant sur un pont; les côtés du couvercle sont joliment sculptés et ajourés de rinceaux fleuris, XVIIIe s.

185. Une boite à bétel, le fond formant support, à décor de fleurs et d'ornements nacrés, XVIIIe s.

186. Un vide-poche en bois incrusté de fleurs de pêcher en nacre irisée, surmontant une fine galerie ajourée. Coins et applications vieil argent, XVIIIe s.

187. Un autre vide-poche, la galerie ajourée étant remplacée par une bande finement nacrée, XVIIIe s.

188. Un autre vide-poche, orné d'une fine incrustation de nacre en relief. Galerie circulaire sculptée, XVIIIe s.

189. Un autre vide-poche, à coins d'argent, joliment fouillés, les quatre faces décorées de bouquets incrustés et en relief, en ivoire, entouré d'une grecque de nacre ciselée : décor intérieur en nacre, XVIIIe s.

190. Un autre vide-poche, sculpture fine en plein bois, clous et coins vieil argent. (Fouilles de Van-mieû, près Quang-yen, XVIIIe s.)

191. Un vide-poche, monté sur socle, incrusté de nacre, formant plateau entouré d'une galerie en ivoire finement ajouré. Coins argent, XVIIIe s.

192. Petit vide-poche, comprenant un plateau de bois incrusté monté dans une garniture d'ivoire et os, à coins d'argent.

193. Un grand plateau en bois, incrusté de bouquets en nacre.

Dim. 0m,40 × 0m,55.

194. Grand écran en bois incrusté, représentant un paysage maritime. Fine incrustation du XVIIIe s. (Nam-Dinh).

Dim. 0m,60 × 0m,66.

195. Autre grand écran, même travail, entouré d'une fine galerie ajourée, représentant un cortège passant devant une pagode.

Larg. 1 mètre; haut. 1m,05.

196. Petit écran double face, encadré à jour, portant d'un côté une glace, de l'autre un médaillon de dragons affrontés, dans les nuages. Très beau travail d'incrustation.

Larg. 0m,35; haut. 0m,49.

197. Grand bâton de chef de district en bois finement incrusté de bouquets fleuris. Monture cuivre et argent.

198. Petit support contenant huit baguettes à manger en bois incrusté, monture argent.

199. Autre support, contenant six baguettes unies, monture argent.

200. Deux jolis ex-voto en ivoire, formant deux plaquettes finement sculptées, maintenues dans un support en bois.

PIPES DIVERSES ET ACCESSOIRES

201. Une pipette japonaise, tube métallique argenté.

202. Une grande pipe à tuyau colonnette, fourneau cuivre, bout et anneau jade blanc, sculpté.

203. Pipe à opium, tube bambou, fourneau en forme de vase, porcelaine blanc et bleu. Cachet Young-ching (1723-1736).

204. Un bambou pour pipe à opium, jolie monture argent finement ciselée de dragons, xviie s.

205. Un autre bambou, même travail.

206. Un autre bambou, même travail.

207. Une grande pipe à eau, fourneau cloisonné sur fond noir. Le couvercle du réservoir d'eau porte une longue inscription, xviiie s.

208. Un vase de pipe à eau vieux bleu, décoré de dragons dans les nuages, monture argent, xviiie s.

209. Quatre fourneaux de pipe à opium, en terre, avec support.

210 Petit meuble support à tiroir en bois incrusté, contenant quatre fourneaux de pipe à opium, incrustés ou sculptés, monture argent, et une longue aiguille pour piquer l'opium.

211-212. Deux fourneaux de pipe à eau, bois incrusté, monture et accessoires argent.

213. Une lampe à opium en étain.

214. Une lampe à opium en métal ciselé et finement ajouré.

215. Une autre lampe.

216. Une verrerie de lampe à opium.

217. Deux pochettes à tabac, l'une en cuir, l'autre en bois.

DIVERS

---

218. Une poire à poudre Muong (corne).

219. Un peigne en écaille, cerclé argent.

220. Deux cachets poterie, et un coquillage « Trompe de pirate ».

221. Une pièce de monnaie, chimère.

222. Un socle en bois d'ébène, sculpté et ajouré.

223. Une grande hotte en sparterie.

224. Un lot instruments musique, dont un petit bateau avec décor de dragons portant un clavier.

225. Un lot arcs et flèches.

PEINTURES, LIVRES

226. Un kakemono représentant cinq tigres de différentes couleurs.

227. Une peinture représentant un empereur en grand costume assis sur un tabouret laqué.

228. Un livre sur papier.

229. Deux recueils de caractères dessinés sur fines lamelles de bois.

ARMURE ET ARMES

230. Une armure complète en fer et laque, signée à l'intérieur du casque et sur la cuirasse.

231. Deux piques provenant de l'expédition du Tonkin (Lang-son-Sontay-Bac-lé, etc.).

232. Deux lances (même provenance).

233. Trois piques (*idem*).

234. Deux lances, un coupe-cou et une pique (*idem*).

235. Trois javelots (*idem*).

236. Deux petites sagaies finement ligaturées (*idem*).

237. Trois autres flèches à bouts ferrés (*idem*).

238. Un lot de sept piques.

239. Huit armes royales, de garde d'honneur. (Expédition du Tonkin-Hué. Très belles pièces à manche laqué, finement montées de cuivre ciselé, XVIIIe s.

240. Un pavillon annamite en soies multicolores. (Campagne du Tonkin, 1883.)

241. Trois fers de piques, non montés.

242. Un lot de quatre petits poignards, monture bronze doré.

243. Un poignard, dont la poignée et le fourreau sont formés d'une ligature de cuivre.

244. Couteau de chasse malais, dans sa gaine de peau de sanglier.

245. Poignard arabe, la lame portant une inscription. Fourreau et poignée plaqués d'argent repoussé. (Ce poignard aurait appartenu à Abd-el-Kader).

246. Quatre sabres divers, dont un orné d'une garde en cuivre ajouré.

247. Un coupe-cou et deux sabres, dont une lame gravée.

248. Deux sabres jumeaux et un perce-crânes.

249. Deux sabres japonais, à fourreaux laqués ; bouts, anneaux, gardes et kotzuka ciselés.

250. Un grand sabre, fourreau en laque pailletée rehaussée de fleurs et oiseaux en laque d'or, poignée en galucha et cordelets. Lame portant une inscription. Garde en fer ajouré (Japon).

251. Sabre japonais, fourreau bois laque noir, garde en fer plein ciselé.

252. Un sabre dans un fourreau en bois uni, portant une inscription. Lame signée.

253. Canne-épieu formée d'une corne sauvage.

254. Trois fusils Muongs.

255. Deux autres fusils Muongs.

PANNEAUX DIVERS

256. Un bâton sculpté, bois peint et doré, de « Grand Bonze » (emblème religieux similaire à la crosse d'évêque).

257. Deux panneaux cintrés, bois laque rouge et doré, portant des inscriptions-prières.

258. Deux autres, plus anciens, plats.

259. Deux autres, caractères or sur fond noir.

260. Deux autres en bois naturel, incrustés de nacre.

261. Une tablette-prière. Objet sacré de pagode.

262. Deux autres tablettes.

MEUBLES

263. Petit tabouret de mandarin en bois dur incrusté d'un joli médaillon de nacre, XVIIe s.

Haut. 0m.50.

264. Un autre tabouret également incrusté.

Haut. 0m.50.

265. Un autre tabouret faisant paire avec le précédent.

Haut. 0m.50.

266. Deux fauteuils en bois dur sculpté et ajouré et leurs coussins, XVIIIe s.

267. Une table à thé, à plateau en bois de trac sculpté et ajouré, XVIIIe s.

268. Une table d'honneur en bois de trac, pour lit d'opium, XVIIe s.

269. Une table de culte-autel privé de grand mandarin provient des fouilles faites en 1885 près de Quang-yen, à Van-mieû.

Haut. 0m.80.

270. Une grande table carrée, en bois massif sculpté de rinceaux fleuris. Les pieds en croix portent également une sculpture de rinceaux en haut-relief mais ajourés.

Diam. 1m.10.

271. Une table chinoise, ronde, en bois, décorée d'une fine galerie ajourée surmontant une dentelure à décor de grecques, XVIIIe s.

Diam. 1m.20.

272. Un grand coffret en bois plein, sculpté en haut-relief de motifs de fleurs, avec montants sculptés ajourés. Fouilles faites, en 1885, à Van-mieû, près de Quang-yen. XVIIe s.

Larg. 0m.90 ; haut. 0m.70.

273. Un coffret bas et allongé, portant deux panneaux incrustés de nacre polychrome, à décor de fleurs et d'oiseaux.

Long. 1m,70 ; larg. 0m,40 ; haut. 0m,70.

274. Un grand meuble formé d'un cadre de bois de rose encadrant une série de panneaux incrustés de nacre polychrome de diverses époques.

Les panneaux antérieurs sont formés de médaillons incrustés, entourés de fines sculptures à jour. Très beau meuble, XVIIe et XVIIIe s.

275. Un meuble en bois incrusté, médaillons de fleurs et oiseaux.

Long. 1m,25 ; haut. 1m,15 ; larg. 0m,45.

276. Un grand meuble en bois laqué rouge, sculpté en haut-relief.

N° 282

N° 277

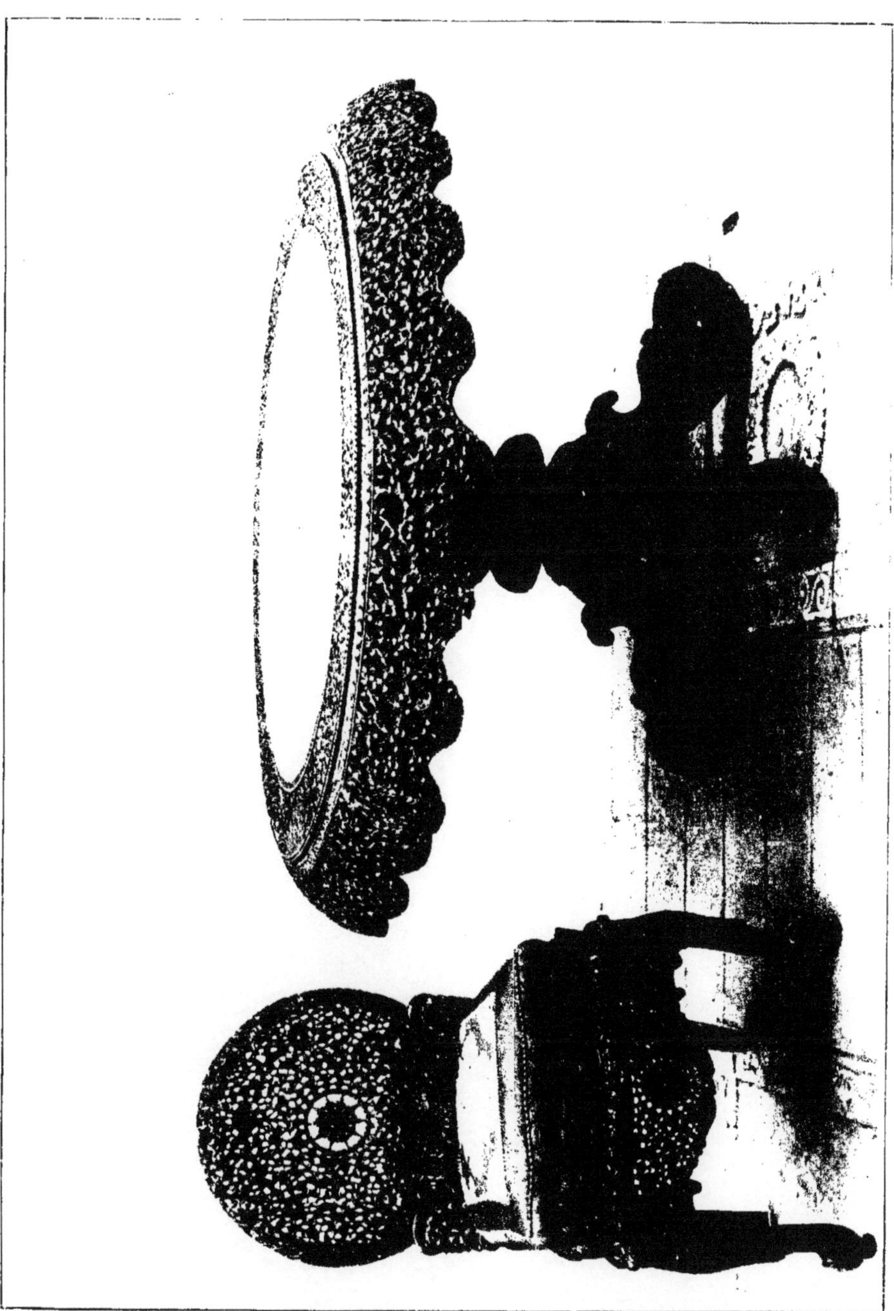

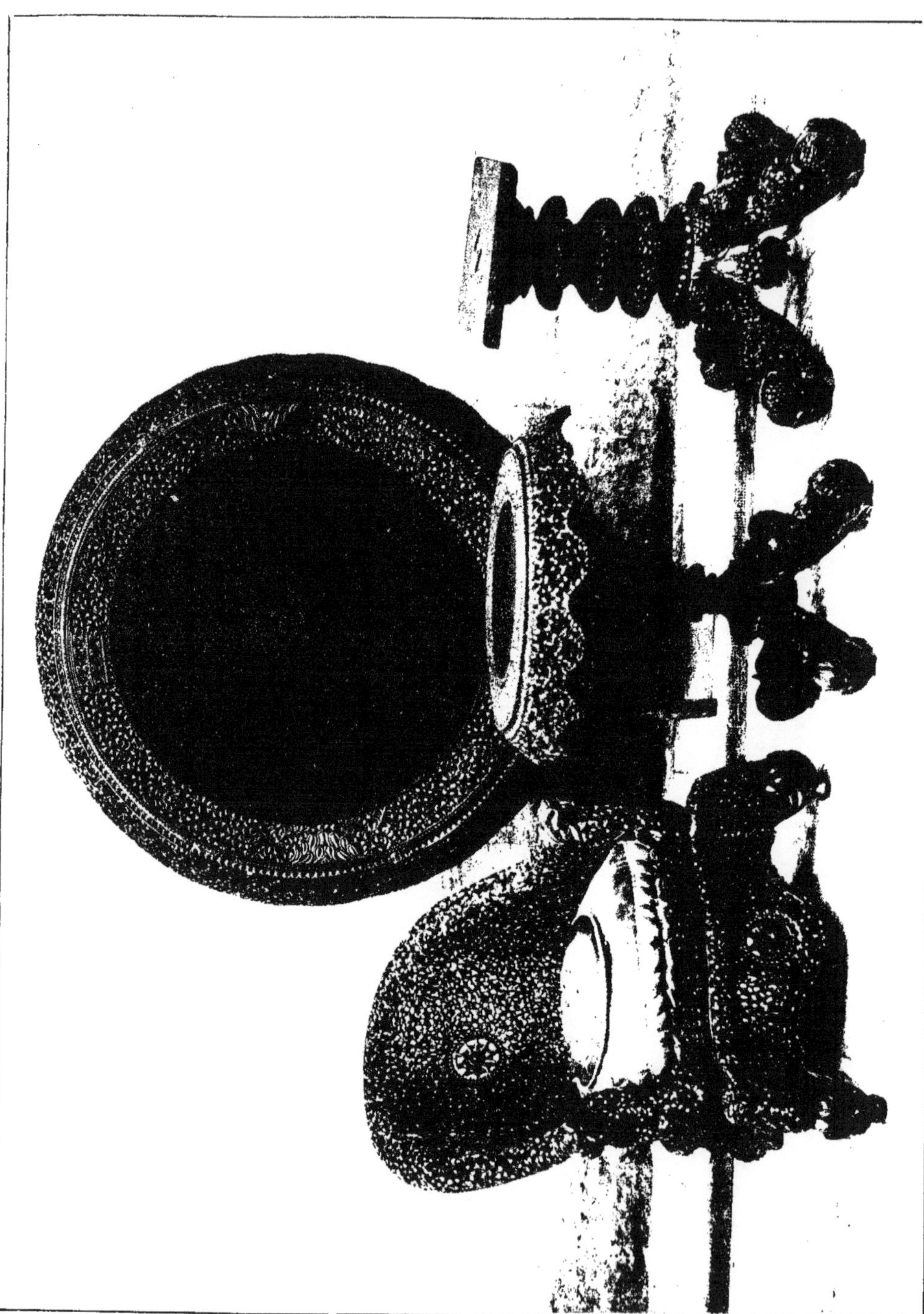

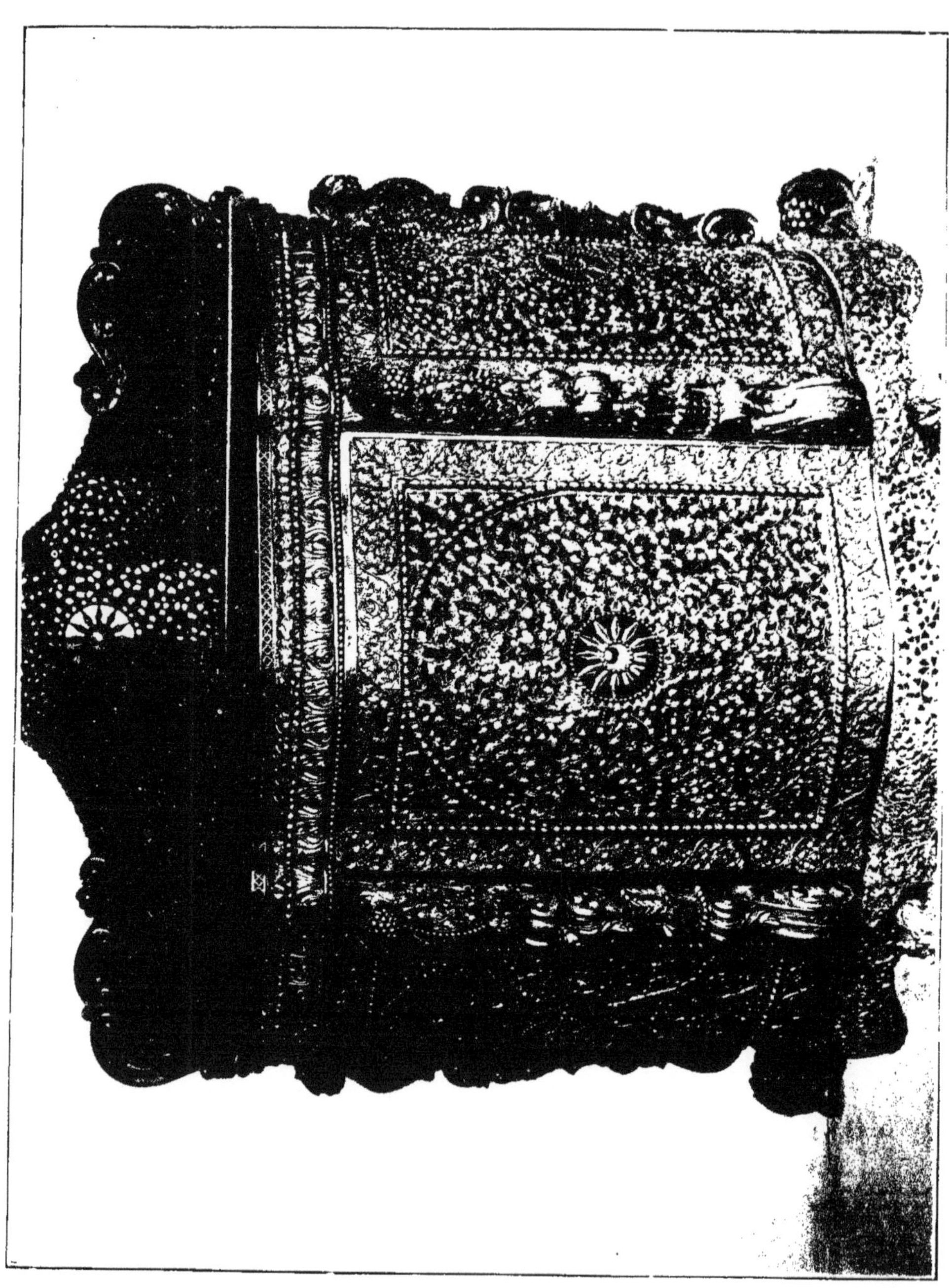

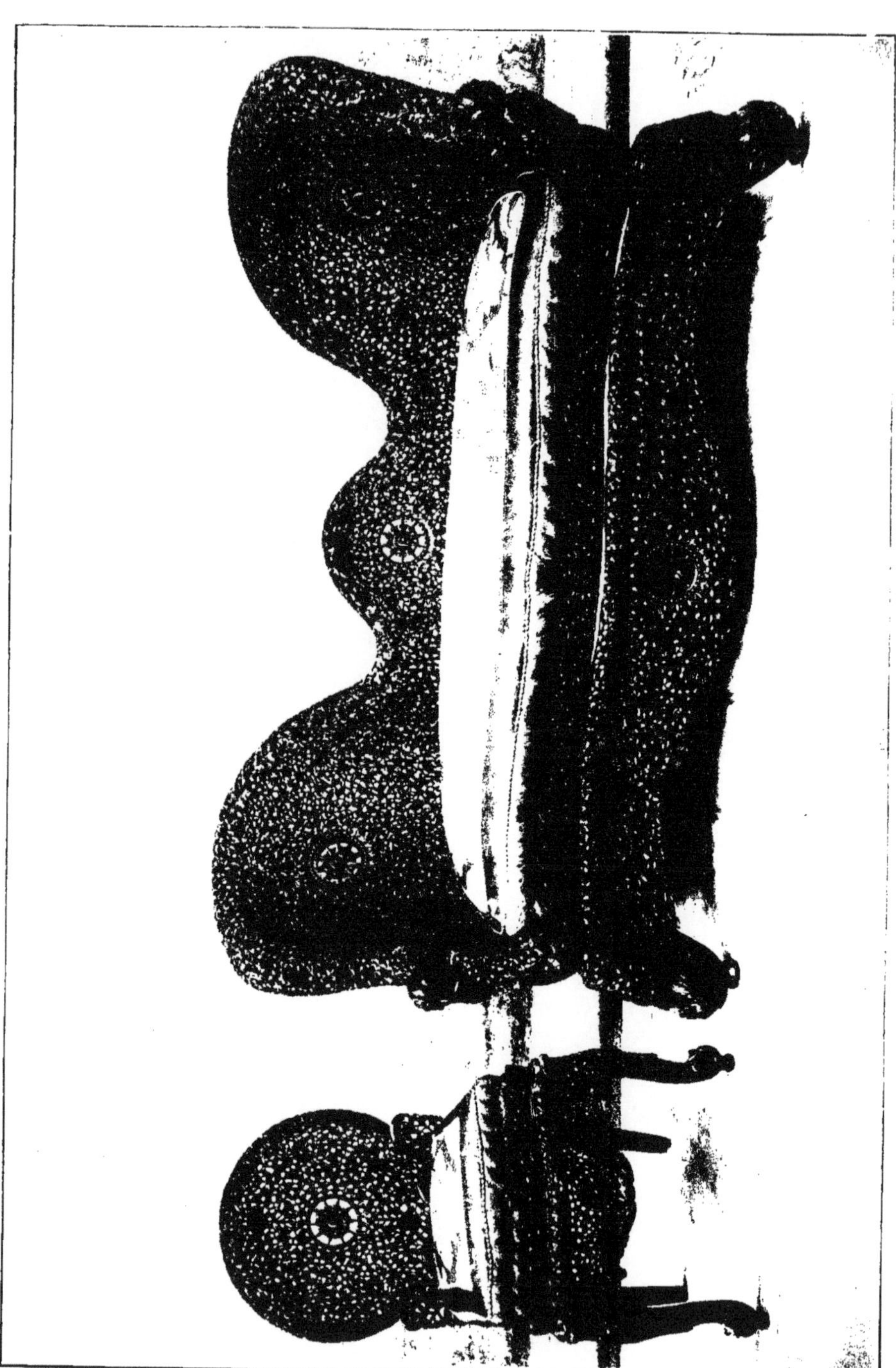

AMEUBLEMENT HINDOU

au monogramme du Sultan Abdul Hamid dont il ornait un kiosque du Palais de Yildiz.

---

277. Une grande table ronde, décorée sur le plateau supérieur d'une zone circulaire finement gravée et sculptée. Autour de ce plateau court une galerie retombante finement dentelée et ajourée de rinceaux fleuris. Les quatre pieds d'écartement sont formés d'animaux fantastiques et volutes. Magnifique travail.)

Tapis de soie brodé aux initiales du sultan.

Diam. 1^m,50 ; haut. 0^m,75.

278. Trois grands buffets-dessertes à trois corps, le corps central cintré et bombant; chaque panneau, entouré d'une galerie pleine, sculptée en volute, est entièrement ajouré de rinceaux fleuris et de branches de marronniers entourant le monogramme du sultan (le croissant de lune dans un soleil).

Le meuble est surmonté contre la partie murale d'une frise entièrement ajourée rappelant le décor des panneaux inférieurs. (Seront vendus séparément.)

Long. 1^m,70 ; larg. 0^m,65 ; haut. 1^m,10.

279. Deux grands canapés, à trois dossiers, dont deux légèrement d'encoignure, le dossier central étant plus bas. Les dossiers et la galerie inférieure sont sculptés, en haut-relief, de branches fleuries jetées en volutes légères ; coussins. (Seront vendus séparément.)

Long. 2 m. ; larg. 0^m,90 ; haut. 0^m,95.

280. Deux fauteuils entièrement ajourés, le dossier cintré, les bras terminés par un motif fleuri. (Seront divisés.) Coussins assortis.

Larg. 0^m,95 ; haut. 0^m,90.

281. Deux petits guéridons rappelant exactement le décor et la forme de la table ronde n° 277. (Seront divisés.)

282. Dix chaises, du même décor que les fauteuils et les canapés, à dossier légèrement cintré, coussins assortis. (Seront vendus séparément.)

Larg. 0^m,55 ; haut. 0^m,90.

283. Deux grands porte-potiches en bois sculpté en relief.

Diam. 0^m,80 ; haut. 0^m,25.

Ces vingt pièces sont toutes du même style.

DIVERS

284. Un scarabée égyptien.

285. Deux cachets égyptiens gravés.

286. Un couteau de guillotine française, réformé pour une gerçure dans le métal, accompagné d'un certificat prouvant que ladite guillotine a fonctionné sous le Second Empire pour Troppmann, etc.

287. Numéros omis.

ARBRES NAINS DU JAPON

288. Lot d'arbres nains cultivés par Messieurs Yamanaka formant la collection de Monsieur B. H.

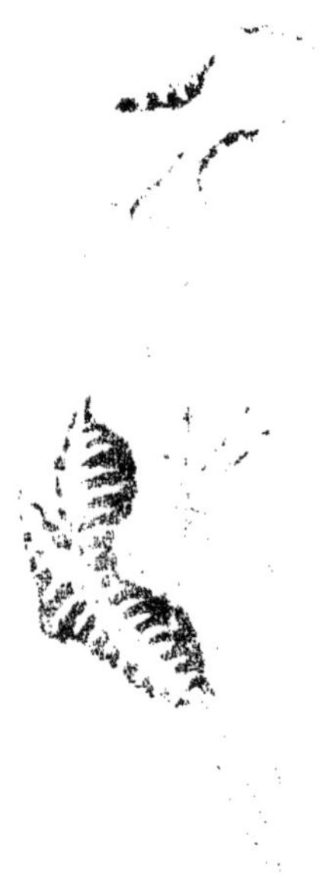

Collection d'Arbres Nains

DU JAPON

Cultivés par MM. YAMANAKA & C[illegible]

APPARTENANT À M. R. H.

DONT LA VENTE AURA LIEU À L'HÔTEL DROUOT

Salle n° 11

Le JEUDI 18 MAI 1911, à 4 heures

EXPOSITION PUBLIQUE [illegible] MAI [illegible] HEURES

ORDRE DES VACATIONS

Première Vacation

Divers	Nos 218 à 225
Bronzes.	Nos 1 à 25
Céramique.	Nos 61 à 118
Arbres nains	No 288
Pipes	Nos 201 à 217
Bois sculptés	Nos 165 à 181

Deuxième Vacation

Armes	Nos 230 à 255
Bronzes.	Nos 26 à 60
Céramique.	Nos 119 à 164
Bois incrustés	Nos 182 à 200
Peintures	Nos 226 à 229
Ameublements	Nos 256 à 287

www.ingramcontent.com/pod-product-compliance
Ingram Content Group UK Ltd.
Pitfield, Milton Keynes, MK11 3LW, UK
UKHW020447180726
13839UKWH00004B/1672

9 782329 585581